Basado en las historias de Pooh escritas por A. A. Milne
(copyright The Pooh Properties Trust)

SEGUNDA EDICIÓN


Manuel Tovar, 8
28034 MADRID (España)

ISBN: 84–392–1222-4
Depósito legal: LE. 185-2006
*Printed in Spain* – Impreso en España
EDITORIAL EVERGRÁFICAS, S. L.
Carretera León – La Coruña, km 5
LEÓN (España)

Disney

Winnie me enseña el

# Tiempo

Ediciones Gaviota

¿Qué tiempo te gusta más?
Mi viejo tío Torbett siempre decía:
«El mal tiempo no existe.
Depende de lo que hagas y de cómo
lo aproveches».
¡Veamos a nuestros amigos del Bosque
de los Cien Acres para descubrir
lo que hacen cuando cambia el tiempo!

Un día lluvioso, de primavera, es el día
perfecto para chapotear en los charcos.

O para buscar el arco iris cuando
vuelve a salir el sol.

Un día de viento, en otoño, es el día perfecto para echar a volar una cometa con un amigo.

O para jugar con las hojas recién caídas.

Una noche helada, antes de Navidad, es la noche perfecta para contemplar las estrellas.

O para disfrutar de una taza de chocolate caliente con bizcocho casero en compañía de los amigos.

Un día nublado, en el Bosque de los Cien Acres, es el día perfecto para perderse y luego encontrar el camino de vuelta a casa.

¡O para dar un emocionante paseo
con una linterna!

Un día de tormenta es el día perfecto para
tomar un té en casa con un amigo valiente.

O para compartir un bonito cuento de hadas con un ser querido.

Un día de nieve, en invierno, es el día perfecto para saltar por encima de un muñeco de nieve.

O para esquiar en una montaña cercana.

Un día soleado, en verano,
es el día perfecto para nadar en el lago.

¡O para merendar en el campo
con tus mejores amigos!